U0789562

據中國國家圖書館藏清康熙刻本影印原書版框高二十·二釐米寬十四釐米

中華再造善本

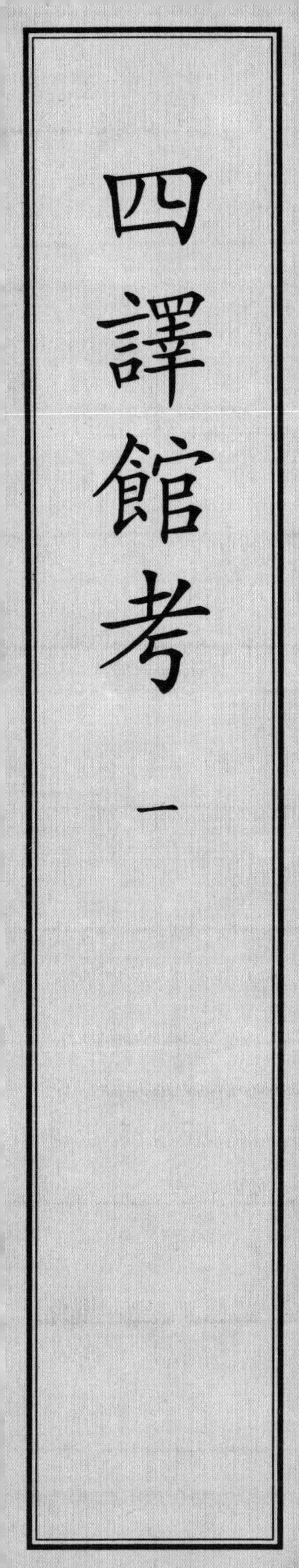

四譯館考 一

序

禹貢備志九州而其時要荒諸服遠不踰三千里成周衆建千八百國而吳越不與會盟至於汲黯論甌粤之争賈捐建珠崖之議考諸舊史則其幅幁之廣狹從可知矣

皇上天亶神靈膺籙御宇誕敷文德載纘武功闓澤徧於羣黎聲教訖乎四海以故雕題椎

髻之國凡前代之所未征前
王之所未臣者靡不奉冠帶
稟正朔梯航踵接稽顙歸心
小共大球来庭来享猗歟盛
哉何風之隆也夫政教之所
及其在疆索以内者習見夫
蠲租減賦察吏興行諸大典
遂以浹洽乎人心而含哺歌
咏以觀德化之成此固率土
之大義也若乃嗜欲不通言

語不同或居鮫宮蜃窟之中
或處氷月霜天之下驚濤白
日大磧黃沙初未甞下尺一
之
詔提一旅之師而庭實交陳輸

誠恐後非甚
盛德何以柔遠人若此哉獻琛
奉贄國有專司隸於大鴻臚
者為朝鮮琉球安南諸國而
四譯館之所掌凡三十餘國

統以八館列為東西爰擇師儒分館教習而設少卿以董之藝不敏攝官象乏因思一郡一邑之近在眉睫間者亦必為之徵文考獻以佐司牧者之張弛況乎荒徼遐陬聞風纂義而令其風土習俗茫然無稽其何以昭同文之盛乎乃於考課之暇裒集舊簡編次成書為之著天時土地

寒煖燥濕之殊山川道里險
易遠近之異民風習俗悍朴
文質之分物產土宜多寡貴
賤之別以及往古沿革叛服
之故前人統馭得失之由條
晰縷分闕疑傳信雖
聖天子不貴異物不勤遠人而風
教漸被同軌同倫自三五以
來未嘗有也白雉旅獒陳於
王會藐小臣也亦惟敬守厥

四譯館考目錄

集字詩

卷十

集字詩

四譯館考卷之一

楚漢陽江　蘩采伯編輯

回回館

附土魯番　天方　撒馬兒罕　占城　日本　眞臘　爪哇　滿剌加諸國皆習回回教遇進貢表文屬本館代譯焉

土魯番

回回在西域地西域有土魯番者一名土爾番

本朝順治三年遣使朝貢因賜

勅曰土魯番速魯壇阿伯輪母罕默得阿郎哈思等

爾遣都督馬沙浪虎伯峰進

上賀表貢獻方物誠可嘉悅

朕荷皇天眷佑撫有大明天下期於四海寧謐遐域嚮順長享太平直與山河永久之願也念爾土魯番國原係元朝成吉始罕支子察合台授封此地大明立國隔絕二百八十餘年今得幸而復合豈非天乎爾等誠能恪修進獻時來朝賀大貢小貢悉如舊例則恩自相加豈有忽忘之理今發馬沙浪虎伯峰並都督職事阿巴火者等回國特

賜綵緞表裏用示褒荅爾國有所受大明勅印可遣
使送來以便裁酌授爾封爵故諭順治十三年
復朝貢因
勅諭土魯番阿卜鈍剌汗
朕膺景命撫有萬方凡所屬國罔不輸志稱臣畢獻

四譯館考目錄

恩絲緞表裏用示褒答爾國有所受大明勅印可遣
使從來以便換給授爾封爵故諭順治十三年
貢朝貢因
勅諭土魯番阿卜鍁剌汗
朕膺景命撫有萬方凡所屬國罔不輸志稱臣畢獻
方物爾土魯番尤能早識曆數恪修進獻之儀
今復遣使臣而入貢信篤棐之可嘉念爾國山
川阻長跋涉匪易應有贈答以獎忠誠今遣使
回國 附

齎爾絲緞三百三十八疋綃七百二十三疋以昭賞
賚自今以後其五年一貢每貢人邊毋過百人
毋擕婦女進京人數止許三十名餘皆留在甘
肅候來京貢使回日同護出境不得潛留內地
帶來貨物許令來京會同館照例交易不許沿
途借名停留以滋擾所貢馬匹除應用貢馬
四匹差馬十四匹外不必多貢馬匹以負
朕體恤遠方之意爾其祗承休命慎終如始益勵朝
宗之道永保覆載之恩欽哉故勅 按土魯番在

火州西百里古交河縣安樂城也城方一二里地平四面皆山氣候多煖少雨雪土宜麻麥有瓜果羊馬之利人皆屋居信佛法多僧寺城西二十里有崖兒城城僅二里民居百餘家相傳故交河縣治又云古車師國明永樂十二年行在驗封員外郎陳誠至其國誠言城西北百里有靈山最大國人云此十萬羅漢涅槃處也近山有高臺臺旁有僧寺寺下皆石泉林木從此入山行二百里至一峽峽南有小屋屋南登山

坡坡有石屋屋有小佛像五前有池池中有山山石青黑遠望紛如毛髮國人云此十萬羅漢洗頭削髮處也循峽東南行六七里登高崖崖下小山纍纍峰巒秀麗羅列成行峰下白石成堆似玉輕脆不可握堆中若人骨狀者堅如石縷文明析色甚潤國人云此十萬羅漢靈骨也又東下石崖崖下石筍如人手足稍南至山坡坡石瑩潔如玉國人云此辟支佛涅槃處也周行羣山約二十餘里悉五色沙石光燄灼人四

面峻嶝窮崖天巧奇絕草木不生鳥獸鮮少西極諸國惟土魯番最爲奸猾宣德五年始遣使來貢正統以後間一至焉成弘間番酋阿力阿黑麻父子侵擾西鄙擄哈密忠順王罕慎陝巴拜牙即是時專伺哈密正德朝遂數犯甘肅語在哈密考中嘉靖十一年西域貢稱王者七十五人貢使至二百九十人禮部請國稱一人王內閣言西域稱王者多或彼自封授或部落相稱先年入貢稱王亦有三四十人者答勅並稱

王今盡裁奪之恐致觖望下禮兵部議禮部言西域稱王者唯土魯番天方撒馬兒罕三國如日落諸國名甚多朝貢絕少且與土魯番諸國不相統弘治正德間土魯番天方入貢稱王者各一人或二三人餘稱頭目親屬嘉靖以後漸多內閣所言先年稱王至三四十人者併數三國耳弘治時回勅國稱一王若循撒馬兒罕往年故事類答王號人與一勅非所以尊國體也自後各執賜勅率其部落貢不如期使不如數

任意來往勢難阻絕驛傳勞頓宴賜頻煩竭我財力以役遠人計亦左矣從之

回回

回回與天方國鄰其先即默德那國國王謨罕驀德生而靈異臣服西域諸國尊爲别諳援爾華言天使也其教以祀天爲本而無像設國中有佛經三十藏凡三千六百餘卷書兼篆楷草西洋諸國皆用之隋開皇中國人撒哈八撒阿的斡思葛始傳其教入中國明宣德中國王遣

人隨天方來朝貢由肅州入其國有城池宮室田園市肆大類江淮間寒暑應候民物蕃庶亦有陰陽星曆醫藥音樂諸技藝俗重殺非同類殺者不食不食豕肉每歲齋戒一月更衣沐浴居必異常處每日向西拜天國人尊信其教雖適殊域傳子孫累世不敢易土產玉石珊瑚猫睛祖母綠羚羊角大馬駱駝獅子犀牛梭甫撒哈剌西洋布羢褐其織文雕鏤諸器物最爲精巧

天方

天方古筠冲地舊名天堂又名西域明宣德中其王遣沙瓛入貢俗用回回曆與中國曆前後差三日風景融和四時皆如春氣田沃稻饒居民樂業男女辮髮馬乳拌飯酋長無科擾於民亦無刑罰無盜賊見月初生酋長與民皆拜天呼號以爲禮置禮拜寺分四方方各九十間皆白玉爲柱黄甘玉爲地層次如塔日落爲市以日中熱故也地産馬金玉石珊瑚犀角其貢道則自嘉峪關入焉

撒馬兒罕

撒馬兒罕漢罽賓地也在哈烈東北三千里東去嘉峪關九千九百里東西相距千里地平衍山爲鐵門峽水爲木河風景偉麗土田膏腴宜五穀頗類中原獨勝諸國城依平原濠湙險北有子城王居高廣在城北隅城中逵巷縱横市肆稠密西南番賈多聚於此交易用銀錢禁酒俗尚回回教有拜天堂靑石雕鏤極精巧以手

皮裹經文文字泥金書人物秀美多藝能尤善作室門楹皆雕文刻鏤牕牖綴以瑟瑟王戴白圓帽妻以白繒纏首飲食喜甘酸羹雜米肉器用金銀不設匕箸以手取食國東有蒼尼城沙鹿海牙塞藍城達失于西有渴石迭里迷諸城皆隷焉明洪武二十年國王帖木兒遣回回滿剌哈非貢駝馬優詔答之二十七年遣使迭力必失貢馬二百匹其表文曰恭惟皇帝受天明命統一四海仁德弘布恩養庶類萬國欽仰咸知上天欲平治天下特命皇帝出膺運數為億兆之主光明廣大昭然天鏡無有遠近咸照臨之臣帖木兒僻在萬里之外恭聞聖德寬大超越萬古自古所無之福皇帝皆有之所未服之國皆服之遠方絕域昏暗之地皆清明之老者無不安樂少者無不長遂善者無不蒙恩惡者無不知懼今又施恩遠國凡商賈之入中國者使觀覽都邑城池富貴雄壯如出昏暗之中忽覩白日何幸如之又承敕書恩撫勞問使站相

通道路無壅遠近之人咸得其濟欽仰聖心如照世之杯使臣心中豁然光明臣國中部落聞兹德音惟知歡舞感戴臣無以報恩德惟仰天祝頌聖壽福祿如天地遠大永永無極表文曉暢亦諸國所未有也其國相傳有杯光明洞徹照之可知世事故名照世杯云二十八年遣兵科給事中傳安郭驥等使西域留撒馬兒罕永樂五年頭目哈里令虎友達送安等還且貢方物厚賜之安等言帖木兒本元駙馬卒孫哈里嗣乃遣人祭帖木兒賜哈里璽書銀幣已而兀魯伯貢馬復遣安報或曰兀魯伯卽哈里也洪熙元年安始還成化十九年王阿黑麻貢二獅子番使請大臣出迎禮部尚書周洪謨以爲不可遣中官迎之獅日食生羊二醋及客酪各二瓶養獅人光祿日給酒飯二十三年廣東布政司陳選言撒馬兒罕使臣泊六灣貢獅子欲於廣南浮海從滿剌加更市獅子入貢不可貴異物開海道貽笑安南諸國弘治三年由南海貢

卜農奉金葉表文朝貢言安南數侵境乞賜兵器樂人俾安南知我乃聲教所被不敢輒相欺侮於是命中書省咨王言交鄰有道事上以誠占城安南既皆臣事朝廷豈可擅兵相毒卽咨安南令其罷兵兵器不爾吝但以安南故賜爾是助爾搆兵也樂器有聲律方言各異中國人不可遣遣爾國能習華音者來二十四年使至以臣弒君故絕之永樂四年勅王占巴的賴得黎賊父子及其黨惡卽械送京尚書陳洽在南

交軍中馳奏占巴的賴奉命討安南陰懷二心愆期不進及進至化州輒肆搶掠又以金帛戰象資季擴季擴亦以黎蒼女遺之復約季擴舅陳翁挺等侵升華府隸州縣驅掠人民罪下季擴一等請發兵討之時以交趾初平不欲窮兵遠徼遣使諭王歸我侵地其後復來朝貢國在大海南自閩長樂五虎門西南行順風可十日至東北百里海口立石塔爲標舟至是繫焉俗獷悍果戰鬪尚釋教王及酋長粧束如塑金剛

狀王冠三山金花玲瓏冠衣白跣足出入乘象馬或黄牯牛前後擁衛執兵器擊鼓吹筒臣茭葉冠男蓬頭女後椎結其服及拜揖與男子同酋長屋宇磚灰甃砌雕刻獸畜亦有差等民居茅茨不得踰三尺衣紫衣衣伭黄者罪死粒食稻米肉食水兕山羊王鑄金爲廟主其畜多黄牛水牛無驢有山牛不任耕耨但殺以祭鬼將殺令巫祝之曰阿羅和及拔譯云早教他托生也其互市無緡錢用金銀有疾採生藥服食釀

酒甕中俟熟賓主繞甕作筒而咂且咂且注水味盡而止文書用羊皮及黑木皮地不產茶飲椰子酒兼食檳榔酒殺以生蛆爲美酋長歲時採生人膽入酒中與家人同飲又以洛身謂之通身是膽王當賀日將領皆獻人膽爲賀無閏月晝夜各分五十刻以十一月十五日爲冬至正月一日牽象周行所居之地然後驅逐出郭謂之逐邪四月有游船之戲十二月十五日城外縳木塔王及人民以衣物香藥置塔上焚之

以祭天刑禁亦設枷鎖小過以藤杖鞭之或五
六十至百當死者以繩繫于樹用梭槍舂喉而
殊其首若故殺刼殺令象踏之或以鼻捲撲於
地象皆素習犯姦者男女皆入牛贖罪王在位
三十年卽入山茹素受戒令子姪攝國事居一
歲籲天矢日我不道當充虎狼食或病死期年
得無恙復入爲王於是國人呼爲芳嚓馬哈剌
札云又有尸頭蠻者亦名屍致魚婦人也目無
瞳夜飛頭入人家食小兒穢氣侵兒腹兒卽死

頭返合體如故或封其頭移其體不得合卽死
夫不以聞者罪之產金銀錫鐵獅象犀牛瑇瑁
諸香朝霞大火珠菩薩石薔薇水猛火油檳榔
諸文異木胡椒白藤吉貝絲絞白氎布孔雀山
雉伽南香唯此地最佳價亦高又有觀音竹如
藤長丈八尺許黑色如鐵寸二三節犀牛象牙
最多犀如水牛大者數百觔體黑無毛蹄有三
跲獨角在鼻端長者可尺五寸馬小於驢波羅
密形如木瓜國有金山皆赤色產金夜飛出狀

如螢火又有不勞山國人有疾者送至此山令自斃焉所產伽南禁民不得取烏木降香則樵之爲薪

日本

日本古倭奴國海中諸國倭奴最大西南至海東北至大山國主世以王爲姓號曰天正王其謀國掌兵皆國相與關白主之羣臣亦世官賦法三分之一無他徭工役皆僱募罪無輕重皆殺之地分五畿七道三島道統州六十六州統

郡五百七十二又有附庸國百餘拘邪韓最大其國小者百里大不過五百里戶少者千多者一二萬皆倭種也漢滅朝鮮通使稱王者三十餘國倭主最雄長者居邪馬臺即邪摩維歷漢魏晉宋隋皆朝貢稍習華音唐咸亨初惡倭名更號日本其人兇狡貪譎好殺輕生黥面文身去髮唯稍留頂衣裙襦橫幅結束相連不施縫綴草屨僅蔽足指跟不著地以便跳躍服染青質白衣男衣過膝女衣如被單穿其中以貫頭

皆披髮跣足其王至隋時始制冠以錦綵爲之飾以金玉人不盜竊少爭訟婚嫁不娶同姓父母兄弟異處惟會同男女無別飲食以手而用籩豆以蹲跪爲恭遇尊長脫屨而過疾無醫藥病者裸就水濱杓水淋沐之面四方籲神虔禱即愈死有棺無槨封土作塚初喪戒酒肉親戚就尸歌舞爲樂既葬舉家入水浴潔以祓不祥信巫覡好棊博握搠携蒱之戲初無文字唯刻木結繩後頗重儒書有好學能屬文者尤信佛

法有五經書及佛書白樂天集皆得自中國土宜五穀而少麥交易用錢文曰乾文大寶樂有國中高麗二部土產金銀琥珀水晶硫黃水銀丹土白珠青玉冬青木多羅木細絹花布螺鈿扇硯漆等物所製器用皆精巧刀則無人不佩尤爲精利武藝工於刀法鳥銃雙刀長五尺鳥銃實銅鑄成不用木柄竹弓長八尺以足踏其稍近而後發箭鏃爲燕尾形甚重發必中中必倒用兵雖數人必用埋伏明洪武二年寇山東

瀕海郡縣又寇淮安三年寇山東轉掠浙閩諸郡是年遣萊州府同知趙秩賜璽書諭其王良懷言書至日如臣我當奉表來庭不則修兵自固先是元曾遣趙良弼襲擊日本比秩至疑爲良弼後將殺之秩言今已改物且曉以禍福王乃懼禮秩有加遣僧齋方物隨秩奉表稱臣使未至又掠温州五年遣明州天寧僧祖闡南京瓦官僧無逸開諭之王遣使同二僧入貢是年寇海鹽澉浦温州初令浙江福建造海舟防倭

六年以於顯爲總兵官出海巡倭倭寇登萊七年寇膠州是年遣僧來貢無表文却之其臣亦遣僧貢馬茶布刀扇高帝曰此私交也亦不受令中書省移文責王九年遣僧歸廷用等奉表貢馬及方物謝罪賜王及使文綺有差已而高帝覽表曰良懷不誠詔責之十二年來貢無表文安置使人於陝西番寺十三年遣使詔諭良懷隨遣僧如瑤貢馬令禮部移書責王數行侵掠復却之諸僧皆安置川陜番寺十四年遣僧

入貢乞還安置諸僧使乃名還宴賞而歸十五年歸廷用又來貢以暗通奸相胡惟庸謀不軌遂絕其使十六年冦金鄉平陽十七年如瑶又來貢坐通惟庸發雲南守禦是年遣信國公湯和築登萊至浙沿海五十九城民丁四調一爲戍兵二十年置浙東西防倭衛所遣江夏侯周德興築福建海上十六城設衛所遂堡漳泉人爲戍兵二十六年冦金鄉二十七年二月遣都督僉事劉德商暠巡視兩浙防倭三月又勑都督楊文壽勑魏國公徐輝祖安陸侯吳傑練浙江海上兵防倭靖難後太監鄭和等率舟師三萬下西洋日本遣人來貢并擒獻犯邊賊二十餘人即付使人治之縛置甑中蒸死永樂二年使還遣通政趙居任賜王冠服文綺金銀古器書畫又給勘合百道令十年一貢每貢正副使等毋過二百人若貢不如期人船踰數夾帶刀鎗並以冦論居任還不受餽太宗喜厚賜之尋命僉都御史俞士吉賜王印詔冊封爲日本國

王名其國之鎮山曰壽安鎮國山賜文勒石久之嗣王道義卒子源道義嗣益奸狡時時令各島人掠海上九年寇盤石十五年寇松門金鄉平陽是年遣禮部員外郎呂淵諭還所掠海上人乃遣使謝罪十七年倭賊數千分乘二十舟進圍望海渦遼東總兵劉榮率精兵設伏出奇斬獲過半自是不敢窺遼東榮以功封廣寧伯宣德元年來貢不如約却之七年復來如約乃受其貢八年源道義卒命太監雷春少卿潘賜等弔祭十年遣使貢謝先是倭既得勘合方物戎器滿載而來遇官兵矯稱入貢貢即不如期守臣幸無事輒請俯順其情主客者爲畫可條奏即許之云不爲例再至亦如之或窺我無備即肆出殺掠充牣而歸宣德末年海防益備賊不得間貢稍如約遂許至京師宴賞市易恣其所欲已而備禦漸疎正統四年寇大嵩入桃渚焚劫屠掠慘毒不可言於是下詔備倭命重師守要地增城堡謹斥堠修戰艦合兵分番屯任

海上寇盜少息成化初忽至寧波詭言入貢守臣請於朝楊文懿公守陳貽書張主客力言其不可許正德六年朱素卿源永壽來貢求祀孔子儀注不許鄞人朱澄言素卿本澄從子叛附日本守臣以聞主客以素卿正使釋之令諭王效順無侵擾嘉靖初王源義植無道國人不服諸道爭貢大內藝興遣僧宗設細川高遣僧瑞佐及素卿先後至寧波故事凡番貢至者閱貨宴席皆以先後爲序時瑞佐後至素卿奸狡饋市舶太監以重寶太監遂令先閱瑞佐貨宴席坐宗設上宗設不平與瑞佐忿爭相讐殺太監又陰助瑞佐授之兵遂殺總督備倭都指揮劉錦大掠寧波諸鄉鎮素卿坐叛論死宗設瑞佐皆釋還給事中夏言上言禍起於市舶請罷之自是番貨至不得市輒賒奸豪家久之欺負日積番人坐索不得償遂出沒海上爲盜負直者利其速去以危言嚇官府出兵捕之番人益怨恨大肆殺掠而中國亡命又爲之鄉道於是王

忤瘋徐必欺毛醢瘋之徒稱王海島攻略郡縣浙東大壞二十五年以朱紈巡撫浙江兼福興漳泉軍務紈勇於任事上章暴勢豪通番狀竟爲勢豪詆誣被劾恚憤卒其所任副使柯喬都指揮盧鏜殺賊有功者皆論死長繫於是羣盗益熾殘黃岩掠定海全浙騷動遣都御史王忬巡視浙閩以都指揮俞大猷湯克寬爲叅將時兵政久弛所在無備忬經略未幾羣賊突至徧掠温台寧紹杭嘉蘇松淮揚十郡乃復起盧鏜

變遷北多則趨廣東東多則至福建彭湖分船或之泉州或之長樂等處若正東風猛則必由五島歷天堂官渡水而視風之變遷東北風多則至烏沙門分䑸或過韭山海閘門而至温州或由舟山之南而至定海象山奉化昌國及台州正東多則至李西嶼壁下陳錢分䑸或由洋山之南而至臨觀或徑抵錢塘或由洋山之北而至青村南滙遂至太倉或過南沙入江而至瓜儀常鎮其在大洋而風忽東洋也則至淮揚

登萊若在五島開洋而南風方猛則趨高麗以入大抵清明節前風候不常清明後方多東北風且積久不變過五月風自南來不利於行矣重陽後風亦有東北者過十月風自西北來亦非所利故明時防海者以三四五月爲大汛九十月爲小汛其入寇者多薩摩肥後長門三州之人次則大隅筑前筑後博多日向攝摩津州紀祝種島而豐前豐後利泉之人亦間有之倭有號山城君者其後號令不行於諸島而山口豐後出雲又各專一軍相吞噬豐後漸强并肥前等六島而有之山口出雲俱亡滅倭自是亦無定主矣

瓜哇

瓜哇古闍婆國又名莆家龍元稱瓜哇其國分東西二王所屬有蘇吉丹打板打綱底勿諸國劉宋始通中國元嘗征之明洪武三年王昔里八達剌遣八的占必奉金葉表貢方物及黑奴三百人納元所授勅已而朝使至三佛齊國瓜

椎結上衣下帨男必腰刀刀極精巧刑無鞭朴罪不問輕重藤繫刄殺之市用中國古錢衡量倍中國國人自土著外有西番賈久居者服食皆雅潔又有中國流寓者尚回回教持齋受戒曰唐人土人有名無姓尚氣好鬬顏色黝黑猓頭赤脚信鬼坐卧無几榻飲食無匙筯啖蛇蟻虫蚓與犬同寢食不爲穢也婚嫁無媒男造女嫁後五日迎婦金鼓刀盾儀衛甚都婦裸披髮跣足縈嵌綵帨戴被金珠綵飾賓粧生子一歲

便以匕首佩之名曰不剌頭至老不釋若有爭鬬即拔刀相刺殺人逃三日而出即無事喪有水葬火葬犬葬惟死者所欲產金珠銀犀角象牙玳瑁青鹽檳榔椒香蘇木桄榔木吉貝倒掛鳥綵鳩綵鳩紅綠白鸚鵡白鹿白猿猴

眞臘

眞臘本扶南屬國一名占臘在東海中隋始通中國其國王姓刹利名質多斯那者并扶南而有之東際海西接蒲甘南連加囉希北抵占城

自東海六朝以後乃從南道溫州寧波以入風東北迅來可四五日程西風迅去亦如之蓋去東海甚遠而去南海甚近若盡其國界則東西長行可四五月南北短行可三月而皆極於海其西北至高麗必由對馬島開洋順風僅一二日南至琉球必由薩摩洲開洋順風七日其貢使之來必由博多開洋歷五島而入以造舟人俱在博多故也明時入寇則隨風所之東北風多則由薩摩或五島至大小琉球而仍視風之變遷北多則趨廣東東多則至福建彭湖分船或之泉州或之長樂等處若正東風猛則必由五島歷天堂官渡水而視風之變遷東北風多則至烏沙門分䑸或過韭山海閘門而至溫州或由舟山之南而至定海象山奉化昌國及台州正東多則至李西嶼壁下陳錢分䑸或由洋山之南而至臨觀或徑抵錢塘或由洋山之北而至靑村南滙遂至太倉或過南沙入江而至瓜儀常鎭其在大洋而風忽東洋也則至淮揚

西南距暹羅各半月程南距番禺十日程唐神龍以後國分爲二其南近海多陂澤爲水眞臘北多山阜爲陸眞臘後復合爲一宋宣和初封爲眞臘國王慶元中破占城立其國人爲占城王遂屬焉又有參半眞里登流眉蒲甘等國皆附之聚落六十餘地方七千餘里城甚堅固但無女墻國中及王居各有金塔一金佛八金獅二男女皆椎髻袒裼惟以布圍腰布極精美且有等級王頂金花冠項上戴大珠三斤許手足戴金鐲皆嵌猫睛寶石飲酒皆金器富家亦然所以稱富貴眞臘也氣候常如五六月歲可三四收又有野田不種常生水高若干則稻亦隨而長男婦不諳蠶桑針指暹羅人寓居者治其業人死無棺止蓋布薦出喪亦用旗幟鼓樂棄之無人處有鷹犬畜類來食頓盡則云死者有福官府及民間文字則以獸皮染黑人帶一粉堊畫之成字刑無笞杖輕者罰金大逆等罪則以土石築之於坑坎或斷指去鼻焉東向爲上

乘轎俗淳朴尚回回教民舍如暹羅婚喪類爪哇聯榻趺坐刳木爲舟泛海捕魚傍海人畏龜龍龜龍高四尺四足身負鱗甲露長牙遇人卽嚙嚙卽死山有黑虎視虎差小或變人形白晝羣入市覺者擒殺之山孤人少田瘠少收內有山泉流爲溪溪中淘沙取錫煎成塊曰斗錫以通市氣候朝熱暮寒男女椎髻身膚甚黑間有白者唐人種也屋如樓閣而不鋪板用木高低層布飲食廚厠皆在上其山曰鎮國其貢番小

厮犀角象牙玳瑁鶴頂鸚鵡黑熊黑猿白鹿鎖袱金母鶴頂金鑲戒指撒哈剌白苾布薑黃布撒都細布西洋布花縵片腦梔子花薔薇露沉香乳香金速香金銀香降眞香紫檀香丁香烏木蘇木大楓子番錫番鹽其國在占城之南其貢路自廣東入焉

四譯館考卷之一終

四譯館考卷之二

西番館

西番

西番卽吐番也

本朝順治十四年遣使入貢請換

勅印因

勅諭之

皇帝勅諭烏思藏怕木竹巴灌頂大國師闡化王羅
巴藏毘林雷望書格棱納木那毋巴哩劄爾哇

爾世居西域能敬順
天道遵事
朝廷勤修職貢茲特遣使以方物來進誠心向化深
可嘉尚使回優賜爾綵幣表裏以示褒荅至可
領之故諭回賜粧緞一疋倭緞一疋表緞四疋
裏緞四疋

皇帝勅諭烏思藏怕木竹巴灌頂大國師闡化土羅
巴藏毘林雷望書格棱納木那毋巴哩劄爾哇
朕統御天下綏理羣生聲教所通罔不率俾其有實

心向化重譯來朝者必爲之誕布闓澤特加封
賜用昭柔遠之仁爾烏思藏僻在西域樂善好
修歷代以來咸通貢使茲慕我大淸德化遣使
歸誠將故明嘉靖四十一年所賜怕木竹巴灌
頂大國師闡化王阿吉汪束劄失劄巴堅叅巴
藏卜男劄思巴劄失堅叅勅諭一道玉印一顆
表請換給并獻貢物具見恭順
朕甚嘉焉今特命正使喇麻義拉固散庫徒克退下
息拉卜副使查漢達爾罕綽爾齊下撒木嘆革
龍同喇麻通事人等賫捧
勅諭一道玉印一顆前往仍封爾羅巴藏毘林雷望
書格棱納木那母巴哩劄爾生爲思藏闡化王
掌管印信撫治番人并
頒賜爾錦緞表裏僧帽袈裟法器等物爾尚益勵忠
貞勤修職貢廣揚梵教共凛
皇綱永堅藩翰之忱毋斁
朝廷之
命爾維欽哉故諭頒賜錦二段紵絲十表裏袈裟僧

衣一套高頂僧帽一頂水晶數珠一串響鈸二
副鈴杵二副白瓷茶鍾二箇滿荅刺一箇連帶
鸞帶一條靴襪各一雙食茶一百觔檀香一柱
按西番其先本羌屬也凡百餘種散處于河湟
洮岷間東北距陜西東接四川東南至雲南元
世祖始郡縣其地以土番僧八思巴為大寶法
王帝師領之嗣是弟子有號司空司徒國公佩
金玉印者明洪武六年令諸酋舉故官授職以
攝帝師喃伽巴藏卜為熾盛佛寶國師元國公

南哥思丹八亦監藏等為都指揮同知宣慰使
元帥招討等官自是番僧有封灌頂國師及贊
善王闡化王正覺大乘法王如來大寶法王者
俱賜印誥令比歲或間歲朝貢分其地為都指
揮使司二曰烏思藏曰朶甘指揮使司一曰隴
答宣慰使司三曰朶甘曰董卜韓胡曰長河西
魚通寧遠招討使司六曰朶甘思曰朶甘隴答
曰朶甘丹曰朶甘滄溏曰朶甘川曰磨兒勘萬
戶府四曰沙兒可曰乃竹曰羅思端曰別思麻

衣一套高頂僧帽一頂水晶數珠一串響鈸二
副鈴杵二副白瓷茶鍾二箇滿答剌一箇連帶
鸞帶一條鍍金各一雙貪茶一百觔檀香一匣
拔西番其先本羌屬也凡百餘種散處于河湟
洮岷間東北距陝西東接四川東南至雲南元
世祖始郡縣其地以土番僧八思巴為大寶法
王帝師領之嗣是弟子有號司空司徒國公佩
金玉印者明洪武六年今諸酋舉故官授職以
攝帝師喃伽巴藏卜為熾盛佛寶國師元國公

南哥思丹八亦監藏等為都指揮同知宣慰使
元帥招討等官自是番僧有封灌頂國師及贊
善王闡化王正覺大乘法王如來大寶法王者
與賜印誥令比歲或間歲朝貢分其地為都指
揮使司二曰烏思藏曰朵甘指揮使司一曰隴
答宣慰使司三曰朵甘曰董卜韓胡曰長河西
魚通寧遠招討使司六曰朵甘思曰朵甘隴答
曰朵甘丹曰朵甘倉溏曰朵甘川曰磨兒勘萬
戸府四曰迦兒可曰乃竹曰羅思端曰剌思麻

千戶所十七曰朵甘思曰剌宗曰孛里加曰長河西曰多八絲孫曰加八曰兆日曰納竹曰倫荅曰果由曰沙里可哈思的曰孛思加思東曰撒里土兒干曰絲卜郎曰剌錯牙曰泄里壩曰潤側魯孫闡化闡教輔教三王貢道自四川入贊化王貢道自陝西入每貢百人多不過百五十人大乘大寶二法王每貢僧徒十人凡諸王嗣封賜誥袈裟僧帽數珠鈴杵以大慈恩寺剌麻僧二人充正副使四川自黎州或天全自陝

西洮州出境宣德元年封大寶大乘闡教闡化贊善五王九年闡化王貢使乩藏等還以賜物易茶至臨洮沒入官并留乩藏等以聞命釋之還其茶長河西魚通寧遠歲一貢貢止五六十人自雅州入朵甘思歲一貢亦自雅州入焉董卜韓胡亦歲一貢如朵甘思四川威茂松潘金川雜谷逹思蠻諸番僧皆三歲一貢洮岷番寺歲一貢番簇二年一貢貢使多者百餘人次三四十人其次數人至京餘留塞上洪武四年置

洮州衛軍民指揮使司永樂九年置洮州茶馬司火把藏思曩日諸簇歲納馬三千五十匹又置河州衛軍民都指揮使司及河州茶馬司必里衛二州七站西番二十九簇歲納馬七千七百五匹洪武十一年置岷州衛軍民都指揮使司又置西寧衛西寧茶馬司歲納馬三千五百匹市法上馬茶百二十觔中馬七十觔下馬五十觔五王諸僧番簇在四川西寧洮岷河在陜西西寧在黃河北洮岷河在黃河南成化十九

年西番滿松反侵內地巡撫都御史馬文升討之斬首八十三級嘉靖九年西番反都督鄭卿討之不能克自是歲入境殺擄人畜先是河套番人徙居西海蚕食諸番勢漸吞併識者慮其勾結深入如前代吐番吐谷渾故事言官因言前代有屯兵青海以絕其連和之路者然徵輸調發民力大困其後洮岷番賊數至鞏昌殺吏士掠人畜焚廬舍隴右騷動尚書王瓊請賊入聽官軍襲至賊巢勦殺番人畏之已而兵至塞

防秋套番合兵乘虛深入臨洮鞏昌殺掠大慘尚書李承勛言西番土地被亦卜剌侵占日益內徙將來交通猖獗何以善後昔趙充國不戰而屈羌人段熲殺羌百萬爲費不貲內外虛耗是知用勇將者雖可取快目前任老成者必能操萬全之筭乞廣宣帝之明專充國之任制馭西番事宜悉令瓊從長區處從之瓊曰欲撫罕必勦先零此金城方略也因遣遊擊將軍彭械鎮守都督劉文統兵自固原進至洮岷分據要

害且撫且勦撫定六十五簇恃險拒戰者十六簇斬首三百七十患乃稍息國中地薄氣寒風俗質朴法令嚴整上下一心議事自下起因人所利而行之故能持久其國君贊普有城郭而不處聯毳帳以居號大拂廬部人處小拂廬贊普與其臣歲一小盟三歲一大盟其君臣自爲友者五六人號曰共命君死皆自殺以殉其吏治無文字刻木結繩爲約其刑雖小罪必抉目刖鼻其樂吹螺擊鼓四時以麥熟爲歲首其宮

之章飾最上瑟瑟金次之金塗銀又次之銅最下皆綴臂前以辨貴賤食酪衣氊以赭塗面婦人辮髮而縈之務耕牧好很鬭貴壯賤弱尊釋信詛重兵死以累世戰沒者為甲門敗弱者垂狐尾于首以為辱懷恩惠重財貨交易用罽毯馬牛不知醫藥疾病召巫覡焚柴聲鼓謂之逐鬼喜啖生物無蔬茹醯醬地產金銀銅錫犛牛名馬天鼠皮獨峰駝青稞麥豋豆羱羊貢物多畫佛銅佛銅塔舍利足力麻鐵力麻氆氌珊瑚

犀角左髻毛纓明盔甲刀劍遮甲麻衣馬青鹽

山川則崑崙黃河河水從地湧出百餘泓方七八十里東北滙為大澤又東流為赤賓河合忽蘭諸河始名黃河又東北至陜西蘭州入中國又東北經沙漠折而南流入山西界又有可跋海自蕃境東南流至雲南合西洱河號漾備水又東南出會川為瀘水明有丁大夫者以御史大夫出鎮四川最久威惠並行又有宋將軍晟洪武永樂中久鎮西陲積功封西寧侯丁宋皆

充平羌將軍番人敬而畏之四川諸番皆祀[丁]
陝西諸番皆祀宋焉

四譯館考卷之二終

四譯館考卷之三

暹羅館

暹羅

暹羅在占城國極南

本朝康熙九年入貢十二年復遣使臣奉金葉表文入貢其表文云暹羅國王臣森烈拍臘照古龍拍臘馬嘑陸坤司由提呀菩埃誠權誠忭稽首頓首啟奏

大淸皇帝陛下伏以

天生聖君嗣登寶位剛明果斷國治民安聲聞海外澤及諸彛卑國世荷

皇恩微臣繼襲踐祚遠霑

九重德化莫能瞻仰

天顏幸遇貢期敢效輸欵耑差正貢使臣握坤司吝喇耶低邁禮貳貢使臣握坤司殊喝剃耶西三貢使臣握坤押沠瓦聰通官握坤心物邁知理揭帝典辦事文司叨申理嘑等梯航渡海賫捧金葉表文方物譯書前至廣省差官伴送

京師朝貢進獻代伸拜舞之誠恪盡遠臣之職恭祝
皇圖永固
帝壽遐昌伏冀
俯垂鑒納庶存懷遠之義微臣遵
旨再陳明季舊頒勑銀印卑國以憑進京朝貢前因
宮殿火煨燼無存今進京朝貢無可爲憑微臣
以表文內不敢瑣瀆委握耶大庫具文呈部轉
奏
聖旨特賜勑銀印以便進京奉貢康熙九年三月內

貢使回國禮部奏
旨咨文到暹羅內開賜臣具表題請伏望
聖恩頒賜勑印以光屬國庶朝貢有憑按古例貢船
三隻到廣貢使捧表進
京朝貢其船置辦國需隨汛回國庶臣早知
聖體興隆於次年再至廣省迎接
聖勑回國伏乞
俞旨賜依古例特
勑禮部行文廣省各衙門遵照施行微臣不勝瞻

天仰
聖懽忭踴躍之至謹具表朝貢以
聞後開貢物
皇帝方物金葉表文一道譯字表文一道龍亭一座（安奉金葉表文）馴象一隻孔雀四隻六足龜四隻龍涎香一觔碗石一觔沉水香二觔犀角六座速香三百觔象牙三百觔安息香三百觔白荳蔻三百觔藤黃三百觔胡椒三百觔降香三百觔大楓子三百觔烏木三百觔蘇木三千觔胡椒花

一百觔紫梗一百觔樹皮香一百觔樹膠香一百觔翠鳥毛六百張孔雀尾十屏兒茶一百觔鮫綃布六疋雜花色大布六疋禝天四條紅布十疋紅撒哈喇布六疋印字花布十疋西洋布十疋大氷片一觔中氷片二觔片油二十瓢樟腦一百觔黃檀香一百觔薔薇露六十罐硫黃一百觔
皇后方物一樣減半（內止少馴象）康熙二十三年復遣正使王大統副使坤孛述列瓦提從人三十名進

金葉表文奉

古覽王奏航海遠來進貢方物具見悃誠可嘉知道了餘著議奏按暹羅本暹與羅斛二國而暹則赤眉遺種也暹國土瘠不宜耕種羅斛土衍腴多穫暹人歲仰給焉元元貞初暹人常入貢至正間暹降於羅斛合爲一國明洪武初遣大理少卿聞良輔往諭之暹羅斛國王參烈昭毘牙遣使奉金葉表朝貢還賜大統曆七年遣使沙里拔來朝自言本國令陪臣奈思俚儕刺識悉

替入貢云八月舟次烏豬遇風舟壞漂至海南收獲漂餘貢物蘇木降香兜羅綿來獻省臣以聞高帝以無表可據却之九年奉表來乃命禮部員外郎王恒中書省宣使蔡時敏往賜詔及暹羅國王之印二十年又貢胡椒萬觔蘇木十萬觔二十八年遣中使趙達宋福等弔祭賜嗣王昭祿羣膺勅諭并賜王及妃文綺羅氊絲布有差永樂元年遣使入賀始稱暹羅國二年遣使坤文貢方物詔內使李興等齎勅往勞之并

厚賜之自是每貢賞賚則稍減矣成化十三年遣使羣謝提素英必美亞二人來貢方物美亞本福建汀州士人謝文彬也販鹽下海爲風飄入暹羅遂仕其國嘗至南都其從子瓚偶遇識之爲織殊色錦綺貿易番貨事覺下吏始吐實焉十七年遣行人姚隆冊封其王弘治中遣給事中林恒復往行冊封禮正德十年貢使至下回回館譯寫大學士梁儲疏據提督少卿沈冬魁呈准回回館主簿王祥等呈竊照本館專一

賜文綺紗帛四年復貢方物且乞量衡爲式詔
賜古今列女傳給與量衡七年遣使奉儀物祭
仁孝皇后命中官以告几筵是歲復遣坤元現
來貢方物先是南海民何八觀等流移海島遂
入暹羅至是因其使歸傳諭國王遣八觀等還
毋納流移以取罪戾並賚王金絨紵絲紗羅織
錦八年貢方物送還流移人賜勅勞之嗣王三
賴波磨札剌的典兵侵滿剌加滿剌加訴于朝
詔平之其後復遣人朝貢且謝侵滿剌加之罪

譯寫回回字凡遇海中諸國如占城暹羅等處進貢來文亦附本館帶譯但各國語言文字與回回不同審譯之際全憑通事講說及降勑回賜俱用回回字今暹羅來貢金葉表文無人識認查近年八百大甸等處音字失傳內閣具題暫留差來頭目藍者歌在館教習合無比照藍者歌事例於暹羅來使內選留一二人在館令其教習待肄業精熟將本使照例送回從之嘉靖元年暹羅及占城等國各載番貨至廣東市舶太監牛榮與家人蔣義山黃麟等私買至南京販賣稅司盤出送南刑部問擬蔣義山等違禁私販番貨例應入官蘇木共三十九萬九千五百八十九觔胡椒一萬一千七百四十五觔可直銀三萬餘兩解內府收貯公用牛榮貪緣內璫得旨給主刑部尚書林俊復疏言見行條例通番下海買賣刼掠有正犯處死全家邊衛充軍之條買蘇木胡椒千觔以上有邊衛充軍貨物入官之條今蔣義山等倚恃威權多買番

貨天幸匿稅事發將牛榮等叅奏陛下方俞正法之請尋敕用倖之門忽令給王夫明王愛一嚬一笑敝袴以待有功今三萬餘兩之物豈一敝袴比給還罪人豈賜有功者比皆臣等之所未喻也伏望大奮乾剛立斷是獄將代爲營救之人并下法司明正其罪疏入乃命以贓貨入官三十二年國王遣使坤隨離等貢白象及方物白象已斃進象牙一枝長八尺牙首鑲金石榴子十顆中鑲珍珠十顆寶石四顆尾置金鋼錐一根又金盒內貯白象尾爲證萬曆三年九月國王昭華宋頃遣使握坤哪朵思灣等來貢先是有東牛國與暹羅國鄰因求婚王女不諧遂擁衆攻暹羅陷其城王普喇照普啞先自盡擄其長子哪浡喇照爲質時隆慶三年七月也其次子昭華宋頃嗣爲王以印被兵焚因奏請另給禮部以印文須賜年久無憑查給且表字譯學失傳難以辨驗覆題行彼國查取印篆字樣并取精通番字人員赴京教習五年八月遣

通事握文源同其使握悶剌握文鐵握文貼賚原奉勘合赴京請印并留教習番字各賜冠帶衣服有差六年十月內閣大學士張居正題據提督少卿蕭　呈請於本館添設暹羅一館考選世業子弟馬應坤等十名送館教習通事握文源言其國東連大泥南臨東牛西接蘭場北界大海由廣東香山縣登舟用北風下指南針向午行出大海名七洲洋十晝夜可抵安南海次中有一山名外羅八晝夜可抵占城海次十二晝夜可抵大崑崙山又用東北風轉舟向未兼申三分五晝夜可抵大真嶼港五晝夜可抵暹羅港入港二百里即淡水又五日抵暹羅城順風四十日可至若遇東風飄舟西行即舟壞猶可登山過西風飄入東海中有山名萬里石塘起自東海琉球國直至海南龍牙山潮至則沒潮退方見舟飄至此罕有存者來貢必用五六月南風還則用十一二月北風過此不敢行矣境內有大庫司九曰暹羅曰可剌細馬曰足

曹本曰皮細緣曰東骨胎曰果平疋曰倒臘網曰討歪曰六毘大庫司猶華言布政司也府十四曰采納曰老無曰比采曰來板魯曰辣皮曰疋皮里曰采野曰多鐃曰干無里曰細辭滑曰采欲曰欵細灣曰沾奔曰魁山縣七十二分隸各府土田東南平衍饒稻西北多大山産諸香木蘇木城濠用磚砌分八門南北五里東西十里城中有小河通舟城外西南民居湊集有外城週遭十餘里王居在城西隅另建一城約三里餘殿用金粧綵繪覆以銅瓦室用錫瓦堦用錫裹磚欄杆用銅裹木民樓居不土處上聯檳榔片覆之亦有用陶瓦者坐臥即於樓板上藉以氈及藤蓆無床榻椅凳之制其服飾惟王以受封故留髮冠金嵌寶石帽制類兜鍪上衣長三尺用五彩緞小袖左衽下用五彩布幔鞋襪用紅緞官及庶民俱剪髮官一等至四等冠金嵌寶石帽五等至九等冠五彩絨緞帽庶民無帽俱著兩截衣襪履用牛皮婦人粧髻于後飾

用金銀簪花戒指鐲釧脂粉貧者用銅上衣披五色飛花布幔下衣五彩織金花幔拖地長二三寸足著紅黑皮靴鞋其官制有九等一曰握啞往二曰握步喇三曰握[口莽]四曰握坤五曰握悶六曰握文七曰握板八曰握郎九曰握救其選舉由鄉鄰舉於大庫司大庫司審其堪用以文達於王所王爲定期面試至期大庫司引至王前咨以民事應對得當卽授冠服候用否則逐出考課亦以三年爲期人皆有名無姓爲官

者稱握某民上者稱奈某最下稱隘某王出乘金粧彩轎或乘象車每日旦登殿各官於臺下設氈以次盤膝而坐合掌於頂獻花數朶有事則具文書朗誦上呈候王定奪乃退遇正日冬節及慶喜事亦有賞賜凡頒賜勅諭勘合王則用原封冠服呼萬歲行五拜三叩頭禮其刑法有小罪則著枷巡市中或桎足入獄大則押至河邊殺之投屍水中結婚亦用媒妁聘物親迎則集親鄰及羣僧迎壻至女家僧取女紅貼男

額稱利市匹配後七日方同歸國王喪國人皆髡髮爲孝否則以穢汚塗於頂上辱之官民初喪集僧誦經祭以湯飯越七日施生前所用財物之半與僧葬禮王用水銀灌腹以帛纏之同片腦數十觔納棺中一年後出棺火焚之拾其骨葬於塔下塔高三尺飾以金官民富者亦建塔惟不用金耳名火葬貧民亦火焚棄骨水中名水葬俗趨利敬富笑貧小民多載舟之各國商販少則用海𧴩多則用銀官民有銀不得私用皆送王所委官傾瀉成珠用鐵印印紋於上每百兩入稅六錢無印紋以私銀論初犯斷左指再犯斷右指三犯者死民間好爲僧尼婦人智過男子內外事無大小悉决於婦人男陽剖其膚嵌鋺鈴狀如荔枝或一或三造以金銀貧者以銅行則有聲外蔽以花布幔所用磁器緞絹皆貿自中國不通漢字惟誦佛經字皆橫寫横誦氣常熱無雪霜風俗勁悍專習水戰煑海爲鹽釀秫爲酒上産珍寶有石榴子及猫兒眼

青紅綠三色石金銅鑽金銀鉛錫鐵玳瑁象牙犀角珠母食貨有胡椒沉香速香降香木香丁香樹香金銀香大楓子馬前白荳蔻玉荳蔻烏藥兒茶阿魏鴉片冰片紫梗藤黃破肚子燕窩沙國米黃臘檳榔椰子布有西洋布潤三尺餘長四五丈染五色花紋極工巧花木有猫竹黃竹斑竹勒竹根竹藔竹蘇木油木花梨木鐵力木樟木松木榕木栢木涂木黃楊木檀木烏木石榴柑橘蓮菊茉莉素馨鶯爪月桂綿葵葛蒲

萄甘蔗芭蕉苓角棗薔薇露波羅蜜獸有犀象虎豹熊猴猿貂鼠穿山甲南蛇山羊山牛山猪海馬獐麂兎鹿豺狐狸馬牛羊猫鼠禽有孔雀錦雞鵬雉鸛鶴鶯燕雁鴉雀鳩翡翠鷺鷥鴛鴦水鴨鴿雞鵝鴨鸚鵡有五彩紅綠白數色魚有鱷鯤沙鯉鱠鯽齋銀墨章莆帶鱸黃烏邊鞋底班宗馬母大口白甲笋殼七星三賴鰍鱔蝦螃蟹蛤蚌蔬有東瓜西瓜王瓜甜瓜水瓜土瓜苦瓜瓠茄葱蒜韭芥莧蘿蔔波淩鹿角油菜藤菜

海菜角豆扁豆菉豆黄豆紅豆諸物亦海外一

大都會也

四譯館考卷之三終

四譯館考卷之四

高昌館 附哈密 安定 阿端 曲先 罕東 魯陳 亦力把刀 黑婁

高昌

高昌即火州以其地勢高敞物產昌盛故名高昌又山色如火天氣常熱故亦名火州西域諸國之一也本漢車師前後王地前王治交河城即唐交河縣去長安八千里後王治務塗谷即唐蒲類縣去長安九千里漢元帝時置戊己校尉於前王庭後魏時其地爲蠕蠕所并有闞伯

周者始自稱高昌王唐太宗平高昌置西州及都督府後陷於吐番其地有回鶻雜居故又名回鶻宋時屢遣使入貢元號畏兀兒隷馬哈木明號火州在嘉峪關外西行可一月城方十餘里其東七十里有柳陳城西百里有土魯番永樂七年土酋遣人朝貢十二年行在吏部員外郎陳誠至其國還言其風物蕭條市里居民僧堂過半東有荒城故址云古高昌國治漢西域長史戊巳校尉並居焉宣德五年火州王哈散

土魯番萬戶賽因帖木兒柳陳城萬戶瓦赤剌俱遣人貢馬及玉璞正統以後有哈剌火州畏兀兒哈失哈兒高昌歸化寺等處皆來貢其地東至哈密西連亦力把力南抵于闐北接瓦剌東南至肅州其人貌似高麗目深鼻高辮髮後垂衣尚錦繡俗事天神信佛法字書亦有眞草亦常借用回回語音書有毛詩論語孝經歷代子史集稅則計田輸銀無者輸布貴人食馬餘食羊及梟雁樂多琵琶箜篌好騎射婦人戴油

帽謂之蘇幕遮用開元曆以三月九日爲寒食以銀或鍮石爲筒貯水激以相射或以水交潑爲戲謂之壓陽氣去病春日遊者馬上持弓矢射物曰禳灾其山則天山靈山水則交河蒲類海地產馬駝鹽白氎布鑌鐵陰牙角阿魏等物

哈密

地近高昌故表文屬高昌館譯審但其中多回回人入貢時亦有用回回字者故前代又屬回回館翻譯焉

哈密古伊吾盧地在燉煌北大磧外西北諸羌往來要路也漢明帝屯田於此唐爲伊州元封

忽納失里為威武王已而改封肅王忽納失里卒弟安克帖木兒嗣之明初置甘州五衞於張掖肅州衞於酒泉凉州衞於武威西寧衞於湟中又置山丹永昌鎮番莊浪四衞高臺鎮夷古浪三千戶所自蘭州渡河千五百里至肅州又西七十里為嘉峪關永樂初設關外七衞曰哈密曰安定曰阿端曰赤斤蒙古曰曲先曰罕東曰罕東左七衞皆在嘉峪關西哈密又在六衞西東去肅州西去土魯番各千五百里北至瓦剌數百里永樂二年改封安克帖木兒為忠順王以頭目馬哈麻火只等為指揮等官分其衆居苦峪城三年忠順王卒兄子脫脫嗣賜印誥十二年行在驗封員外郎陳誠使西域還言哈密城在平川可三四里東北二門王稱速魯壇人僅數百戶非一種多蒙古回回人居惟土房習俗各異產玉石鑌鐵大尾羊陰牙角香棗胡桐律山則天山一名雪山水則甘露川合羅川又有望鄉嶺伊吾城人獷悍好利西域三十八

國入貢經哈密者相攔出入索道路錢乃已洪熙元年貢硫黃正統四年貢玉求紵絲與四表裏天順四年來貢賜紙金薑桂茶礬成化八年酋者林弑孛羅帖木兒無子王母努溫答力攝國事九年土魯番速魯壇阿力欲以哈密掠赤斤諸番王母不從擄王母及金印去遣高陽伯李文通政劉文討阿力調罕東赤斤番兵數千駐苦峪不敢進詭言不見土魯番而還十四年阿力死子阿黑麻稱速魯壇未壯守臣請乘間封罕慎嗣忠順王入哈密罕慎貪殘國人及西域諸番貢使往來者多怨恨之弘治元年阿黑麻至哈密誘罕慎項經結盟遂殺罕慎遣使入貢詐稱罕慎病死國亂乞立爲王居哈密領西域職貢兵部尚書馬文升以爲不可許且請諭令阿黑麻還王母金印并還我哈密四年遣哈密頭目寫亦虎仙賚勅往諭旋以金印城池來歸遣使朝貢厚賞之文升言哈密有回回畏兀兒哈剌灰三種共居一城種類不貴不相下北

山又有小列秃野乜克力數種時擾哈密必得元後人嗣封庶可攝服諸番乃立安定王族孫陜巴為忠順王安定王者脫脫種落也六年阿黑麻復入哈密擄陜巴及金印去遣兵部侍郎張海都督侯謙行視經略海至河西遣哈密人以敕往諭令歸陜巴金印留不報海不得已修嘉峪關捕哈密奸回通阿黑麻者二十餘人戍廣西絕西域貢時文升亦請閉嘉峪關絕西域貢令諸番歸怨阿黑麻乃西域諸番怨朝廷宴賞大減又阻其由海道貢獅子反相率從阿黑麻遂復入哈密自稱可汗大掠罕東已而阿黑麻西去令頭目牙蘭以二百餘人據哈密乃用文升議效陳湯故事遣副總兵彭清統精兵三千由南山馳至罕東郎調罕東諸番兵乘夜倍道襲牙蘭清至肅州久駐關外候罕東兵不至乃出大路乏水草行不能速牙蘭詗知遁去清入哈密斬首六十得陜巴妻女獲牛羊三千哈密脅從者八百餘人皆携歸塞上師還糧乏士

馬亦多物故九年阿黑麻又襲破哈密令撒他兒及奄克孛剌住剌术城奄克孛剌密結兎剌小列禿襲斬撒他兒自還守哈密阿黑麻遣人圍之哈密人舉火小列禿來援乃遁十年秋阿黑麻令人送陝巴還哈密其兄馬黑上書言西域諸國不得貢怨阿黑麻今悔過乞許同黑婁諸國來貢是年冬起王越爲總制經略土魯番哈密十一年越出河西取陝巴至甘州復封爲忠順王時哈密三種人久苦土魯番不願還文

升請許半留肅州往來自便十二年春陝巴至肅州畏番人不肯出關守臣遣兵防護至哈密是夏遣寫亦虎仙致賞賜於土魯番尋入貢十三年復同黑婁諸國來貢十七年春國人以陝巴嗜酒掊尅頭目者力克哈等迎阿黑麻次子眞帖木兒守哈密陝巴棄城走沙州眞帖木兒罕愼外孫也守臣令官舍董傑及奄克孛剌往諭之令迎陝巴頭目阿孛剌不聽奄克孛剌與傑擒殺阿孛剌等六人餘黨畏服守臣令都指

揮朱瑄率兵送陜巴入哈密撫送眞帖木兒還
土魯番眞帖木兒不肯還徙居甘州正德元年
陜巴死其子拜牙即嗣年方幼守臣恐眞帖木
兒還來侵哈密留不遣三年滿速兒稱速魯壇
遣人朝貢乞還眞帖木兒兵部尚書劉宇曰是
謂質其所親愛不許六年守臣代請乃許之七
年冬令哈密三都督奄克孛剌寫亦虎仙滿剌
哈三送之西還八年春至哈密拜牙即淫暴欲
與奄克孛剌叛往土魯番奄克孛剌不從自哈

密奔肅州拜牙即棄城走入土魯番滿速兒令
頭目火者他只丁與寫亦虎仙滿剌哈三入哈
密取金印九年滿速兒率衆分據剌术等城又
日夜聚謀襲甘肅乃遣都御史彭澤總督軍務
防遏土魯番逐勦西海卜亦剌勅寫亦虎仙等
共守哈密責令滿速兒送回拜牙即十年春澤
至甘州火者他只丁牙木蘭侵赤斤王子莊澤
以綵布銀器送土魯番乃還金印及哈密是冬
寫亦虎仙入貢十一年土魯番復襲據哈密又

至沙州脇土巴部落入嘉峪關令肅州奸回殺己思高彥名等内應攻肅州兵備副使陳九疇憤極殛死諸奸回及通賊都督失拜煙答憑城拒戰又亟調屬番兵刼其老營遣人結旡刺搗巢穴破其三城土魯番大創又盡發寫亦虎仙數十年傾陷哈密罪狀坐謀叛論死時失拜煙荅子米兒馬黑麻入貢在京巧賄權倖奕入長安左門稱寃下錦衣衛會兵部三法司奏行河西訊報十三年逮巡撫李昆及九疇至京廷鞫

昆降浙江副使澤九疇削籍是秋土魯番貢使至京兵部請繫獄輔臣梁儲不可刑部會訊寫亦虎仙罪當死會武宗幸會同館寫亦虎仙米兒馬黑麻因權倖得見賜國姓隨武宗南征嘉靖改元詔逮寫亦虎仙復論斬死獄中王瓊謫戍澤起兵部尚書昆兵部侍郎九疇僉都御史巡撫甘肅三年滿速兒大舉入寇九疇先登力戰甘州圍解又夜率衆間道兼行抵肅州内外夾擊大破之殺火者他只丁滿速兒遁去關中

爲阿端阿眞苦先帖里四部賜卜烟帖木兒銀
日亦板丹遣使貢鎧甲刀劍賜金綺分其酋長
洪武七年撒里畏兀兒安定王卜煙帖木兒來
朝其俗馬乳釀酒氊帳爲廬舍產馬駝玉石明
安定地廣袤千里東至罕東衛北至沙州無城

安定阿端

其通貢而其後哈密亦遂爲土魯番所據矣
同天方請圖貢方物又索牙木蘭兵部因請許
事可鑒也遂留不遣明年滿速兒遣虎力奶翁

寧復言牙木蘭乃歸正人非叛者比唐悉怛謀
哈密無煩縻中國議禮諸臣不聽竟從瓊言世
州南山下兵部議尚書胡世寧欲專守河西謝
來在肅州北山金塔寺罕東都指揮枝丹在丹
部番在肅州東關赤斤都督掌卜達兒于鎮南
番五千四百人于白城山哈密都督乩吉孛剌
番貢使男婦凡千人安插沙州土巴帖木哥部
麻守哈密貢使二十四人遣人京放歸羈留各
土魯番歸我哈密之今夫拜邇答于米兒馬黑

至沙州脇土巴部落入嘉峪關令肅州奸回殺
巳思高彥名等內應攻肅州兵備副使陳九疇
憤極極死諸奸回及通賊都督失拜煙答憑城
拒戰又亟調屬番兵刼其老營遣人結瓦剌搗
巢穴破其三城土魯番大創又盡發寫亦虎仙
數十年傾陷哈密罪狀坐謀叛論死時失拜煙
荅子米兒馬黑麻入貢在京巧賄權倖突入長
安左門稱冤下錦衣衛會兵部三法司奏行河
西訊報十三年逮廵撫李昆及九疇至京廷鞫

昆降浙江副使澤九疇削籍是秋土魯番貢使
至京兵部請繫獄輔臣梁儲不可刑部會訊寫
亦虎仙罪當死會武宗幸會同館寫亦虎仙米
兒馬黑麻因權倖得見賜國姓隨武宗南征嘉
靖改元詔逮寫亦虎仙復論斬死獄中王瓊謫
戍澤起兵部尚書昆兵部侍郎九疇僉都御史
廵撫甘肅三年滿速兒大舉入寇九疇先登力
戰甘州圍解又夜率衆間道兼行抵肅州內外
夾擊大破之殺火者他只丁滿速兒遁去關中

守臣奏河西危急遣兵部尚書金獻民都督杭雄率師西討獻民至蘭州番兵已爲九疇所敗出嘉峪關獻民用九疇議請遷發番使閉關絕貢四年牙木蘭復據哈密侵肅州又入沙州五年起舊輔臣楊一清提督軍務一清言我既不能制其命又無以服其心徒絕彼之貢使不能阻彼之犯邊乞從九疇議還煙瘴番使解讐息兵未幾一清名入內閣尚書王憲代一清盡出平涼羈留番使往諭土魯番令悔過服罪歸我

哈密七年滿速兒令牙木蘭據沙州索羈留貢使牙木蘭不從棄菽麥數萬率老稚萬人帳房二千奔肅州乞白城山金塔寺住牧守臣議留肅州是春用輔臣張桂方霍議起王瓊兵部尚書兼右都御史代憲瓊至河西反澤所行事是秋各番來朝滿速兒亦乞通貢瓊爲奏上乞還羈使未報土魯番酋虎力納咱兒糾瓦剌侵肅州遊擊將軍彭濬兵備副使趙載擊走之八年土魯番貢獅子人至乞歸哈密通貢瓊又奏言

土魯番歸我哈密乞令失拜煙答子米兒馬黑麻守哈密貢使二十四人遣入京放歸羈留各番貢使男婦凡千人安揷沙州土巴帖木哥部番五千四百人于白城山哈密都督乩吉孛剌部番在肅州東關赤斤都督掌卜達兒子鎖南來在肅州北山金塔寺罕東都指揮枝丹在丹州南山下兵部議尚書胡世寧欲專守河西謝哈密無煩憊中國議禮諸臣不聽竟從瓊言世寧復言牙木蘭乃歸正人非叛者比唐悉怛謀事可鑒也遂留不遣明年滿速兒遣虎力奶翁同天方諸國貢方物又索牙木蘭兵部因請許其通貢而其後哈密亦遂爲土魯番所據矣

安定阿端

安定地廣袤千里東至罕東衛北至沙州無城郭其俗馬乳釀酒氊帳爲廬舍產馬駝玉石明洪武七年撒里畏兀兒安定王卜煙帖木兒武日亦板丹遣使貢鎧甲刀劍賜金綺分其部長爲阿端阿眞苦先帖里四部賜卜煙帖木兒銀

印八年設安定阿端二衛分統四部宣德間與曲先叛討平之至成化中没入土魯番

曲先

曲先古西戎部落東抵安定衛北距肅州界明永樂四年設曲先衛以土酋散西思爲指揮同知宣德元年以討平曲先功加國師禪師秩其後常入貢嘉靖中衛人牙木蘭爲土魯番所刼牙木蘭驍勇土魯番令其率衆侵哈密擾甘肅已而貳於土魯番遂擁帳來歸土魯番請還哈

密易牙木蘭將甘心焉兵部尚書胡世寧不可乃止嘉峪關西諸衛皆没入土魯番曲先亦陷其地產珠珊瑚硃砂名馬服色尚白喪事易以青相見行跪禮

罕東

罕東本西戎部落在沙州古燉煌地也明洪武二十五年侵塞京國公藍玉討之土酋哈咎遁去三十年入貢立罕東罕東左二衛官其酋長鎖南吉刺思爲指揮僉事永樂以後常入貢成

化間土魯番迭入哈密嘉峪關外諸衛二罕東最弱力不能支流散各城正德中陳九疇擊退土魯番稍得生聚比牙木蘭再入沙州益殘破其酋土巴叛附土魯番至嘉靖八年王瓊撫任白城山肅州月餉粟歲萬石而邊備坐困矣

魯陳

魯陳一名柳城古柳中縣地去哈密千里中經大川砂磧無水草馬牛過此輒死大風倏起人馬相失道傍多骸骨有鬼魅行人失侶白晝迷

亡番人謂之旱海出川西行至流沙河河上有小岡云風捲浮沙所積道北火焰山山色如火城方二三里四面多田園流水環繞樹林蔭翳土宜穄麥麻豆有小葡萄甘甜無核名瑣子葡萄氣候和暖風俗醇朴人二種男子剃髮戴小罩剌婦女白布裹頭者回回也男子椎髻婦人蒙皁巾垂髻於額者畏兀兒也

亦力把刀

亦力把刀在沙漠間或曰焉耆或曰龜茲元時